AF225808

The Financial Adventure Workbook

A tool for saving, investing, and budgeting!

A companion workbook for the
My First Finance Book series.

by Ben Hofstetter and Nick Zehrung

New Caney, TX
2023

Copyright © 2023 by My First Finance Book, LLC. All rights reserved. No part of this publication may be reproduced, distributed, or transmitted in any form or by any means, including photocopying, recording, or other electronic or mechanical methods, without the prior written permission of the publisher, except in the case of brief quotations embodied in critical reviews and certain other noncommercial uses permitted by copyright law. For permission requests, please contact the publisher.

Author's Note

This workbook is designed to complement the My First Finance Coloring Book series, offering a hands-on experience for families to delve deeper into financial learning together.

In this book, our aim is for children to work alongside their parents or guardians, filling out a fresh worksheet each week, perhaps aligning with allowance or earned income distribution.

Our goal with this workbook is to empower children with essential money management skills, encouraging them to allocate every dollar they earn purposefully.

On the following page, you'll find an illustrative example worksheet completed by our authors. The remaining pages are intentionally left blank for your active participation!

We believe that engaging in this regular exercise with your children will not only be a rewarding bonding experience but also foster a lasting appreciation for financial understanding, cultivating a positive habit that will guide them through life's financial journey.

Flip to the back of the book for a "ready to cut template" of a piggy bank, if you don't have one already!

Financial Adventure Worksheet
Completed by: <u>My First Finance Book!</u>
Date: <u>8/6/2023</u>
<u>(EXAMPLE)</u>

Income

1) <u>Cleaned Bedroom</u> $ <u>2</u>
2) <u>Pulled Weeds</u> $ <u>3</u>
3) <u>Lemonade Profit</u> $ <u>5</u>
4) _________________ $ ___
5) _________________ $ ___

Expenses

1) <u>Candy at Lunch</u> $ <u>1</u>
2) <u>Popcorn w/ Friend</u> $ <u>3</u>
3) _________________ $ ___
4) _________________ $ ___
5) _________________ $ ___

Donations

1) <u>Dog Shelter</u> $ <u>1</u>
2) _________________ $ ___
3) _________________ $ ___
4) _________________ $ ___
5) _________________ $ ___

Investments

1) <u>Index Fund</u> $ <u>2</u>
2) _________________ $ ___
3) _________________ $ ___
4) _________________ $ ___
5) _________________ $ ___

+	**Total Income**	$ 10
–	**Total Expenses**	$ 4
–	**Total Donations**	$ 1
–	**Total Investments**	$ 2

$=$ **Remaining for Savings** $ 3

Savings Goals

Savings Goal(s): $60
New Bike

Previous Total $ 20
Added This Time $ 3
New Total: $ 23

Investments

Investment Goal(s): $1,000
The First Step on the Financial Ladder!

Previous Total $ 113
Added This Time $ 2
New Total: $ 115

Write down a goal you want to achieve with your savings.

I want to have $1,000 invested by my next birthday so that I can take the first step towards financial independence in my future!

Financial Adventure Worksheet

Completed by:_______________

Date:_____________________

Income

1)_____________________ $ ___
2)_____________________ $ ___
3)_____________________ $ ___
4)_____________________ $ ___
5)_____________________ $ ___

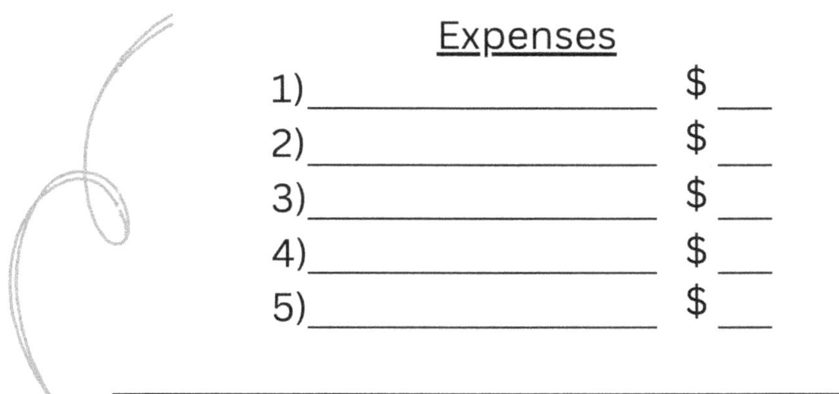

Expenses

1)_____________________ $ ___
2)_____________________ $ ___
3)_____________________ $ ___
4)_____________________ $ ___
5)_____________________ $ ___

Donations

1)_____________________ $ ___
2)_____________________ $ ___
3)_____________________ $ ___
4)_____________________ $ ___
5)_____________________ $ ___

Investments

1)_____________________ $ ___
2)_____________________ $ ___
3)_____________________ $ ___
4)_____________________ $ ___
5)_____________________ $ ___

+ **Total Income**	$ _____________
- **Total Expenses**	$ _____________
- **Total Donations**	$ _____________
- **Total Investments**	$ _____________

____

= **Remaining for Savings** $ _____________

<u>Savings Goals</u> ☆

Savings Goal(s): __________

____

Previous Total $ _________
Added This Time $ _________
New Total: $ _________

<u>Investments</u> ☆

Investment Goal(s): ______

____

Previous Total $ _________
Added This Time $ _________
New Total: $ _________

<u>What did you do this week to achieve your goals?</u>

Financial Adventure Worksheet

Completed by:_________________
Date:_______________________

Income

1)___________________ $ ____
2)___________________ $ ____
3)___________________ $ ____
4)___________________ $ ____
5)___________________ $ ____

Expenses

1)___________________ $ ____
2)___________________ $ ____
3)___________________ $ ____
4)___________________ $ ____
5)___________________ $ ____

Donations

1)___________________ $ ____
2)___________________ $ ____
3)___________________ $ ____
4)___________________ $ ____
5)___________________ $ ____

Investments

1)___________________ $ ____
2)___________________ $ ____
3)___________________ $ ____
4)___________________ $ ____
5)___________________ $ ____

+ **Total Income** $ _______________

– **Total Expenses** $ _______________

– **Total Donations** $ _______________

– **Total Investments** $ _______________

____

= **Remaining for Savings** $ _______________

Savings Goals

Savings Goal(s): _________

____

Previous Total $ _________
Added This Time $ _________
New Total: $ _________

Investments

Investment Goal(s): _____

____

Previous Total $ _________
Added This Time $ _________
New Total: $ _________

Describe a time you helped someone with your time or money.

Financial Adventure Worksheet

Completed by:_______________

Date:___________________________

Income

1)__________________ $ ___
2)__________________ $ ___
3)__________________ $ ___
4)__________________ $ ___
5)__________________ $ ___

Expenses

1)__________________ $ ___
2)__________________ $ ___
3)__________________ $ ___
4)__________________ $ ___
5)__________________ $ ___

Donations

1)________________ $ ___
2)________________ $ ___
3)________________ $ ___
4)________________ $ ___
5)________________ $ ___

Investments

1)________________ $ ___
2)________________ $ ___
3)________________ $ ___
4)________________ $ ___
5)________________ $ ___

+ **Total Income** $ _____________

– **Total Expenses** $ _____________

– **Total Donations** $ _____________

– **Total Investments** $ _____________

= **Remaining for Savings** $ _____________

<u>Savings Goals</u>

Savings Goal(s): _________

____

Previous Total $ _________
Added This Time $ _________
New Total: $ _________

<u>Investments</u>

Investment Goal(s): _____

____

Previous Total $ _________
Added This Time $ _________
New Total: $ _________

<u>List three things you would like to learn more about.</u>

Financial Adventure Worksheet

Completed by:_______________

Date:___________________________

<u>Income</u>

1)_______________________ $ ____
2)_______________________ $ ____
3)_______________________ $ ____
4)_______________________ $ ____
5)_______________________ $ ____

<u>Expenses</u>

1)_______________________ $ ____
2)_______________________ $ ____
3)_______________________ $ ____
4)_______________________ $ ____
5)_______________________ $ ____

<u>Donations</u>

1)_______________________ $ ____
2)_______________________ $ ____
3)_______________________ $ ____
4)_______________________ $ ____
5)_______________________ $ ____

<u>Investments</u>

1)_______________________ $ ____
2)_______________________ $ ____
3)_______________________ $ ____
4)_______________________ $ ____
5)_______________________ $ ____

+ **Total Income** $ ______________

− **Total Expenses** $ ______________

− **Total Donations** $ ______________

− **Total Investments** $ ______________

$$\rule{300pt}{1pt}$$

= **Remaining for Savings** $ ______________

<u>Savings Goals</u>

Savings Goal(s): ______________

____

Previous Total $ __________
Added This Time $ __________
New Total: $ __________

<u>Investments</u>

Investment Goal(s): ______

____

Previous Total $ __________
Added This Time $ __________
New Total: $ __________

<u>Write about a place you'd love to visit one day.</u>

Financial Adventure Worksheet
Completed by:_______________
Date:_____________________

Income

1)___________________ $ ___
2)___________________ $ ___
3)___________________ $ ___
4)___________________ $ ___
5)___________________ $ ___

Expenses

1)___________________ $ ___
2)___________________ $ ___
3)___________________ $ ___
4)___________________ $ ___
5)___________________ $ ___

Donations

1)___________________ $ ___
2)___________________ $ ___
3)___________________ $ ___
4)___________________ $ ___
5)___________________ $ ___

Investments

1)___________________ $ ___
2)___________________ $ ___
3)___________________ $ ___
4)___________________ $ ___
5)___________________ $ ___

+ **Total Income** $ ______________

− **Total Expenses** $ ______________

− **Total Donations** $ ______________

− **Total Investments** $ ______________

____

= **Remaining for Savings** $ ______________

<u>Savings Goals</u> ⭐

Savings Goal(s): ___________

____

Previous Total $ _________
Added This Time $ _________
New Total: $ _________

<u>Investments</u> ⭐

Investment Goal(s): _____

____

Previous Total $ _________
Added This Time $ _________
New Total: $ _________

<u>List five small things you're grateful for.</u>

Financial Adventure Worksheet

Completed by:_______________

Date:_____________________

Income

1)__________________ $ ___
2)__________________ $ ___
3)__________________ $ ___
4)__________________ $ ___
5)__________________ $ ___

Expenses

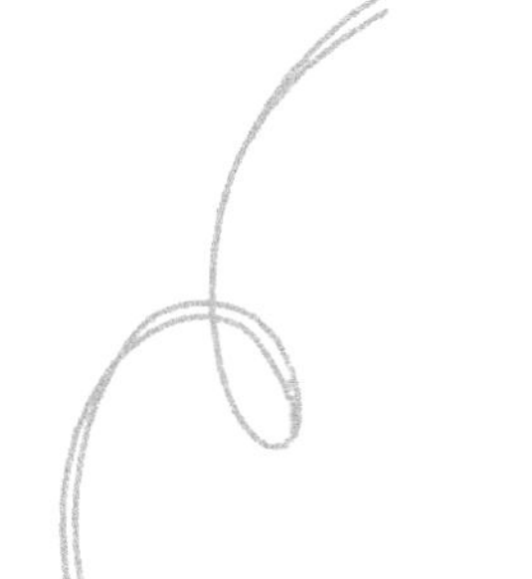

1)__________________ $ ___
2)__________________ $ ___
3)__________________ $ ___
4)__________________ $ ___
5)__________________ $ ___

Donations

1)__________________ $ ___
2)__________________ $ ___
3)__________________ $ ___
4)__________________ $ ___
5)__________________ $ ___

Investments

1)__________________ $ ___
2)__________________ $ ___
3)__________________ $ ___
4)__________________ $ ___
5)__________________ $ ___

+ **Total Income** $ _______________

– **Total Expenses** $ _______________

– **Total Donations** $ _______________

– **Total Investments** $ _______________

= **Remaining for Savings** $ _______________

Savings Goals

Savings Goal(s): _________

____

Previous Total $ _________
Added This Time $ _________
New Total: $ _________

Investments

Investment Goal(s): _____

____

Previous Total $ _________
Added This Time $ _________
New Total: $ _________

<u>Describe an invention you would create if you could.</u>

Financial Adventure Worksheet
Completed by:_______________
Date:___________________________

Income

1)_____________________ $ ___
2)_____________________ $ ___
3)_____________________ $ ___
4)_____________________ $ ___
5)_____________________ $ ___

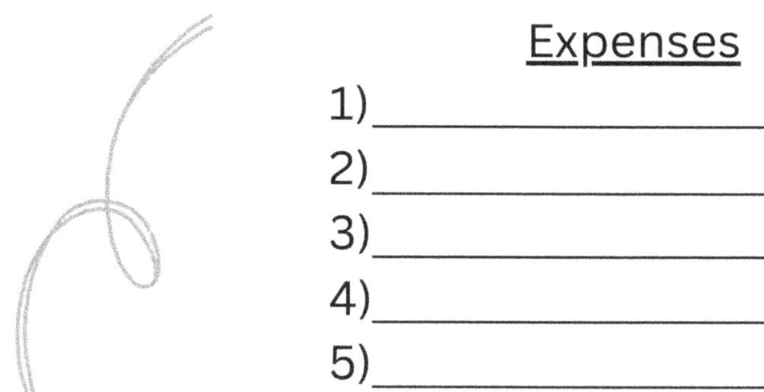

Expenses

1)_____________________ $ ___
2)_____________________ $ ___
3)_____________________ $ ___
4)_____________________ $ ___
5)_____________________ $ ___

Donations

1)_______________ $ ___
2)_______________ $ ___
3)_______________ $ ___
4)_______________ $ ___
5)_______________ $ ___

Investments

1)_______________ $ ___
2)_______________ $ ___
3)_______________ $ ___
4)_______________ $ ___
5)_______________ $ ___

+ **Total Income** $ _______________

– **Total Expenses** $ _______________

– **Total Donations** $ _______________

– **Total Investments** $ _______________

____

= **Remaining for Savings** $ _______________

Savings Goals

Savings Goal(s): _________

____

Previous Total $ _________
Added This Time $ _________
New Total: $ _________

Investments

Investment Goal(s): _____

____

Previous Total $ _________
Added This Time $ _________
New Total: $ _________

Write about a way you can make a positive impact on your community.

Financial Adventure Worksheet

Completed by:_________________

Date:_____________________

Income

1)__________________ $ ___
2)__________________ $ ___
3)__________________ $ ___
4)__________________ $ ___
5)__________________ $ ___

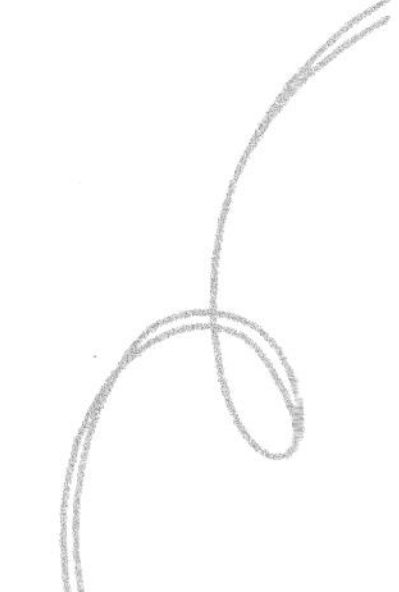

Expenses

1)__________________ $ ___
2)__________________ $ ___
3)__________________ $ ___
4)__________________ $ ___
5)__________________ $ ___

Donations

1)__________________ $ ___
2)__________________ $ ___
3)__________________ $ ___
4)__________________ $ ___
5)__________________ $ ___

Investments

1)__________________ $ ___
2)__________________ $ ___
3)__________________ $ ___
4)__________________ $ ___
5)__________________ $ ___

+ **Total Income** $ _____________

– **Total Expenses** $ _____________

– **Total Donations** $ _____________

– **Total Investments** $ _____________

____

= **Remaining for Savings** $ _____________

Savings Goals

Savings Goal(s): _________

____

Previous Total $ _________
Added This Time $ _________
New Total: $ _________

Investments

Investment Goal(s): _____

____

Previous Total $ _________
Added This Time $ _________
New Total: $ _________

List three ways you can earn money by helping others.

Financial Adventure Worksheet
Completed by:_______________
Date:___________________

Income

1)__________________ $ ___
2)__________________ $ ___
3)__________________ $ ___
4)__________________ $ ___
5)__________________ $ ___

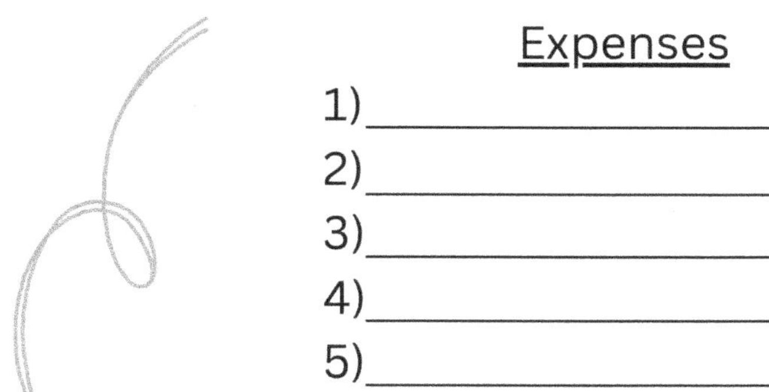

Expenses

1)__________________ $ ___
2)__________________ $ ___
3)__________________ $ ___
4)__________________ $ ___
5)__________________ $ ___

Donations

1)________________ $ ___
2)________________ $ ___
3)________________ $ ___
4)________________ $ ___
5)________________ $ ___

Investments

1)________________ $ ___
2)________________ $ ___
3)________________ $ ___
4)________________ $ ___
5)________________ $ ___

+ **Total Income** $ ______________

– **Total Expenses** $ ______________

– **Total Donations** $ ______________

– **Total Investments** $ ______________

____

= **Remaining for Savings** $ ______________

<u>Savings Goals</u>

Savings Goal(s): ______________

____

Previous Total $ ______________
Added This Time $ ______________
New Total: $ ______________

<u>Investments</u>

Investment Goal(s): ______

____

Previous Total $ ______________
Added This Time $ ______________
New Total: $ ______________

<u>Describe a dream you've had about your future.</u>

Financial Adventure Worksheet

Completed by:_______________
Date:____________________________

Income

1)_____________________ $ ___
2)_____________________ $ ___
3)_____________________ $ ___
4)_____________________ $ ___
5)_____________________ $ ___

Expenses

1)_____________________ $ ___
2)_____________________ $ ___
3)_____________________ $ ___
4)_____________________ $ ___
5)_____________________ $ ___

Donations

1)_________________ $ ___
2)_________________ $ ___
3)_________________ $ ___
4)_________________ $ ___
5)_________________ $ ___

Investments

1)_____________________ $ ___
2)_____________________ $ ___
3)_____________________ $ ___
4)_____________________ $ ___
5)_____________________ $ ___

+ **Total Income** $ __________

– **Total Expenses** $ __________

– **Total Donations** $ __________

– **Total Investments** $ __________

= **Remaining for Savings** $ __________

Savings Goals

Savings Goal(s): ________

____

Previous Total $ ________
Added This Time $ ________
New Total: $ ________

Investments

Investment Goal(s): ____

____

Previous Total $ ________
Added This Time $ ________
New Total: $ ________

Write about a kind act you recently did for someone.

Financial Adventure Worksheet
Completed by:_______________
Date:___________________________

Income

1)____________________ $ ___
2)____________________ $ ___
3)____________________ $ ___
4)____________________ $ ___
5)____________________ $ ___

Expenses

1)____________________ $ ___
2)____________________ $ ___
3)____________________ $ ___
4)____________________ $ ___
5)____________________ $ ___

Donations

1)____________________ $ ___
2)____________________ $ ___
3)____________________ $ ___
4)____________________ $ ___
5)____________________ $ ___

Investments

1)____________________ $ ___
2)____________________ $ ___
3)____________________ $ ___
4)____________________ $ ___
5)____________________ $ ___

+ **Total Income** $ __________

– **Total Expenses** $ __________

– **Total Donations** $ __________

– **Total Investments** $ __________

= **Remaining for Savings** $ __________

Savings Goals

Savings Goal(s): ________

____

Previous Total $ ________

Added This Time $ ________

New Total: $ ________

Investments

Investment Goal(s): ____

____

Previous Total $ ________

Added This Time $ ________

New Total: $ ________

List three books you'd love to read to learn new things.

Financial Adventure Worksheet

Completed by:_________________

Date:_____________________________

Income

1)___________________ $ ___
2)___________________ $ ___
3)___________________ $ ___
4)___________________ $ ___
5)___________________ $ ___

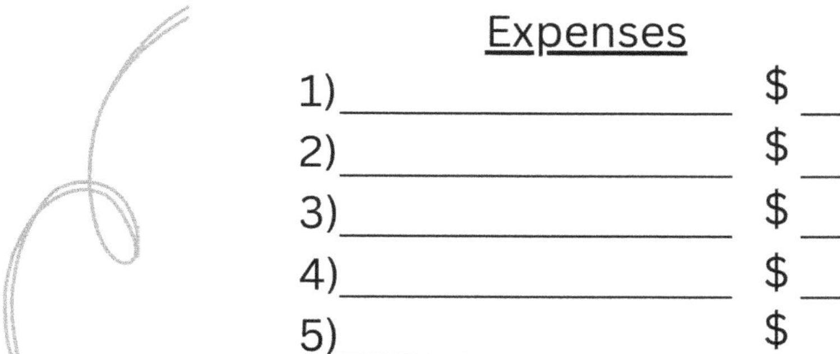

Expenses

1)___________________ $ ___
2)___________________ $ ___
3)___________________ $ ___
4)___________________ $ ___
5)___________________ $ ___

Donations

1)___________________ $ ___
2)___________________ $ ___
3)___________________ $ ___
4)___________________ $ ___
5)___________________ $ ___

Investments

1)___________________ $ ___
2)___________________ $ ___
3)___________________ $ ___
4)___________________ $ ___
5)___________________ $ ___

+ **Total Income**	$ _____________
- **Total Expenses**	$ _____________
- **Total Donations**	$ _____________
- **Total Investments**	$ _____________

= **Remaining for Savings** $ _____________

<u>Savings Goals</u>

Savings Goal(s): _________

____

Previous Total $ __________
Added This Time $ __________
New Total: $ __________

<u>Investments</u>

Investment Goal(s): _____

____

Previous Total $ __________
Added This Time $ __________
New Total: $ __________

<u>Describe a skill you want to master in the future.</u>

Financial Adventure Worksheet

Completed by:_______________

Date:___________________________

Income

1)_____________________ $ ___
2)_____________________ $ ___
3)_____________________ $ ___
4)_____________________ $ ___
5)_____________________ $ ___

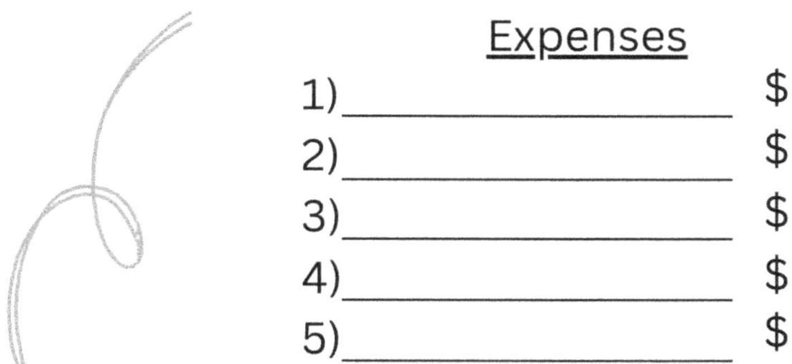

Expenses

1)_____________________ $ ___
2)_____________________ $ ___
3)_____________________ $ ___
4)_____________________ $ ___
5)_____________________ $ ___

Donations

1)_________________ $ ___
2)_________________ $ ___
3)_________________ $ ___
4)_________________ $ ___
5)_________________ $ ___

Investments

1)_________________ $ ___
2)_________________ $ ___
3)_________________ $ ___
4)_________________ $ ___
5)_________________ $ ___

+ **Total Income** $__________

– **Total Expenses** $__________

– **Total Donations** $__________

– **Total Investments** $__________

= **Remaining for Savings** $__________

<u>Savings Goals</u> ☆

Savings Goal(s): ________

____

Previous Total $________
Added This Time $________
New Total: $________

<u>Investments</u> ☆

Investment Goal(s): ____

____

Previous Total $________
Added This Time $________
New Total: $________

<u>Write about a way you could use your savings to help someone else.</u>

Financial Adventure Worksheet

Completed by:_______________

Date:___________________________

Income

1)___________________ $ ___
2)___________________ $ ___
3)___________________ $ ___
4)___________________ $ ___
5)___________________ $ ___

Expenses

1)___________________ $ ___
2)___________________ $ ___
3)___________________ $ ___
4)___________________ $ ___
5)___________________ $ ___

Donations

1)___________________ $ ___
2)___________________ $ ___
3)___________________ $ ___
4)___________________ $ ___
5)___________________ $ ___

Investments

1)___________________ $ ___
2)___________________ $ ___
3)___________________ $ ___
4)___________________ $ ___
5)___________________ $ ___

+ **Total Income** $ _______________

− **Total Expenses** $ _______________

− **Total Donations** $ _______________

− **Total Investments** $ _______________

____

= **Remaining for Savings** $ _______________

Savings Goals

Savings Goal(s): _________

____

Previous Total $ _________
Added This Time $ _________
New Total: $ _________

Investments

Investment Goal(s): _______

____

Previous Total $ _________
Added This Time $ _________
New Total: $ _________

<u>List three ways you can be responsible with your money.</u>

Financial Adventure Worksheet
Completed by:_______________
Date:___________________________

Income

1)___________________ $ ___
2)___________________ $ ___
3)___________________ $ ___
4)___________________ $ ___
5)___________________ $ ___

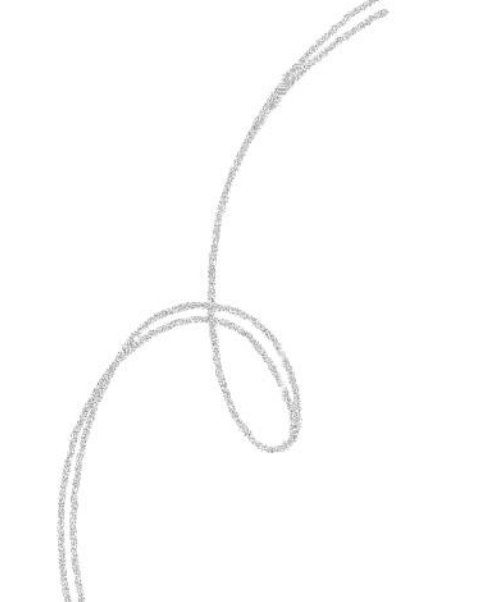

Expenses

1)___________________ $ ___
2)___________________ $ ___
3)___________________ $ ___
4)___________________ $ ___
5)___________________ $ ___

Donations

1)_________________ $ ___
2)_________________ $ ___
3)_________________ $ ___
4)_________________ $ ___
5)_________________ $ ___

Investments

1)_________________ $ ___
2)_________________ $ ___
3)_________________ $ ___
4)_________________ $ ___
5)_________________ $ ___

+ **Total Income** $ _______________

– **Total Expenses** $ _______________

– **Total Donations** $ _______________

– **Total Investments** $ _______________

——————————————

= **Remaining for Savings** $ _______________

<u>Savings Goals</u>

Savings Goal(s): _________

____

Previous Total $ _________
Added This Time $ _________
New Total: $ _________

<u>Investments</u>

Investment Goal(s): _____

____

Previous Total $ _________
Added This Time $ _________
New Total: $ _________

<u>Describe a place where you feel calm and happy.</u>

Financial Adventure Worksheet

Completed by:_______________
Date:_____________________

Income

1)_____________________ $ ____
2)_____________________ $ ____
3)_____________________ $ ____
4)_____________________ $ ____
5)_____________________ $ ____

Expenses

1)_____________________ $ ____
2)_____________________ $ ____
3)_____________________ $ ____
4)_____________________ $ ____
5)_____________________ $ ____

Donations

1)_____________________ $ ____
2)_____________________ $ ____
3)_____________________ $ ____
4)_____________________ $ ____
5)_____________________ $ ____

Investments

1)_____________________ $ ____
2)_____________________ $ ____
3)_____________________ $ ____
4)_____________________ $ ____
5)_____________________ $ ____

+ **Total Income** $ ______________

– **Total Expenses** $ ______________

– **Total Donations** $ ______________

– **Total Investments** $ ______________

= **Remaining for Savings** $ ______________

Savings Goals

Savings Goal(s): ________

____

Previous Total $ ________
Added This Time $ ________
New Total: $ ________

Investments

Investment Goal(s): _____

____

Previous Total $ ________
Added This Time $ ________
New Total: $ ________

Write about a hobby or activity you enjoy doing.

Financial Adventure Worksheet
Completed by:_______________
Date:____________________________

Income

1)___________________ $ ___
2)___________________ $ ___
3)___________________ $ ___
4)___________________ $ ___
5)___________________ $ ___

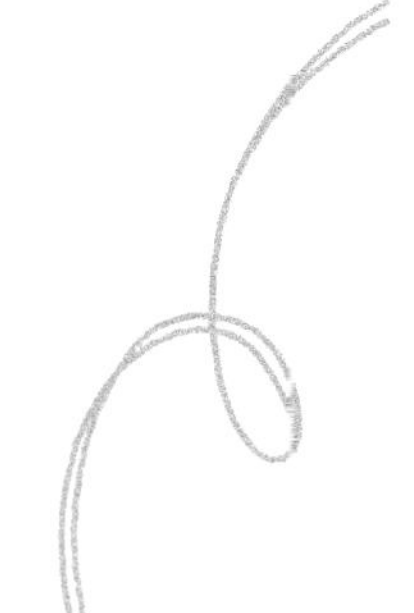

Expenses

1)___________________ $ ___
2)___________________ $ ___
3)___________________ $ ___
4)___________________ $ ___
5)___________________ $ ___

Donations

1)___________________ $ ___
2)___________________ $ ___
3)___________________ $ ___
4)___________________ $ ___
5)___________________ $ ___

Investments

1)___________________ $ ___
2)___________________ $ ___
3)___________________ $ ___
4)___________________ $ ___
5)___________________ $ ___

+ **Total Income** $ ________________

– **Total Expenses** $ ________________

– **Total Donations** $ ________________

– **Total Investments** $ ________________

____

= **Remaining for Savings** $ ________________

<u>Savings Goals</u> ☆

Savings Goal(s): ________

____

Previous Total $ ________
Added This Time $ ________
New Total: $ ________

<u>Investments</u> ☆

Investment Goal(s): ____

____

Previous Total $ ________
Added This Time $ ________
New Total: $ ________

<u>**List three things you want to accomplish this year.**</u>

Financial Adventure Worksheet

Completed by:_______________

Date:____________________________

Income

1)__________________ $ ___
2)__________________ $ ___
3)__________________ $ ___
4)__________________ $ ___
5)__________________ $ ___

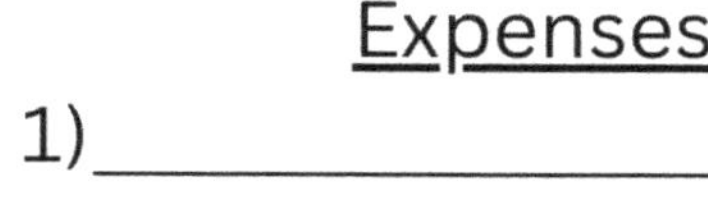

Expenses

1)__________________ $ ___
2)__________________ $ ___
3)__________________ $ ___
4)__________________ $ ___
5)__________________ $ ___

Donations

1)__________________ $ ___
2)__________________ $ ___
3)__________________ $ ___
4)__________________ $ ___
5)__________________ $ ___

Investments

1)__________________ $ ___
2)__________________ $ ___
3)__________________ $ ___
4)__________________ $ ___
5)__________________ $ ___

+ **Total Income** $ ____________

− **Total Expenses** $ ____________

− **Total Donations** $ ____________

− **Total Investments** $ ____________

___

= **Remaining for Savings** $ ____________

Savings Goals

Savings Goal(s): ________

____

Previous Total $ ________

Added This Time $ ________

New Total: $ ________

Investments

Investment Goal(s): ____

____

Previous Total $ ________

Added This Time $ ________

New Total: $ ________

Describe a challenge you've faced and how you overcame it.

Financial Adventure Worksheet
Completed by:_______________
Date:____________________________

Income

1)___________________ $ ___
2)___________________ $ ___
3)___________________ $ ___
4)___________________ $ ___
5)___________________ $ ___

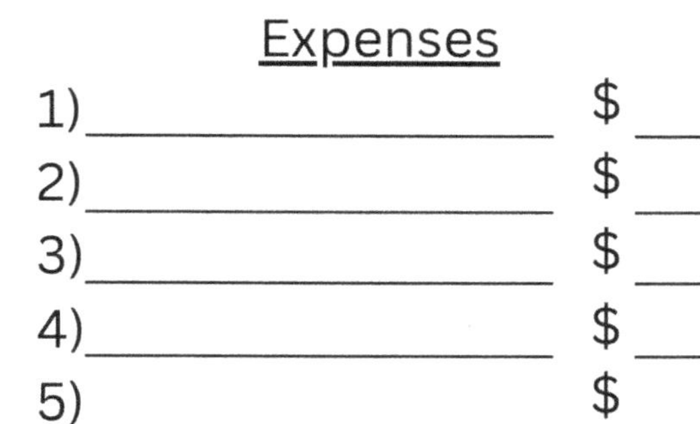

Expenses

1)___________________ $ ___
2)___________________ $ ___
3)___________________ $ ___
4)___________________ $ ___
5)___________________ $ ___

Donations

1)___________________ $ ___
2)___________________ $ ___
3)___________________ $ ___
4)___________________ $ ___
5)___________________ $ ___

Investments

1)___________________ $ ___
2)___________________ $ ___
3)___________________ $ ___
4)___________________ $ ___
5)___________________ $ ___

+	**Total Income**	$______________
–	**Total Expenses**	$______________
–	**Total Donations**	$______________
–	**Total Investments**	$______________

____

= **Remaining for Savings** $______________

<u>Savings Goals</u>

Savings Goal(s): _________

____

Previous Total $__________
Added This Time $__________
New Total: $__________

<u>Investments</u>

Investment Goal(s): _____

____

Previous Total $__________
Added This Time $__________
New Total: $__________

<u>Write about a way you can save money while having fun.</u>

Financial Adventure Worksheet

Completed by:_______________

Date:___________________________

Income

1)_____________________ $ ____
2)_____________________ $ ____
3)_____________________ $ ____
4)_____________________ $ ____
5)_____________________ $ ____

Expenses

1)_____________________ $ ____
2)_____________________ $ ____
3)_____________________ $ ____
4)_____________________ $ ____
5)_____________________ $ ____

Donations

1)_________________ $ ____
2)_________________ $ ____
3)_________________ $ ____
4)_________________ $ ____
5)_________________ $ ____

Investments

1)_________________ $ ____
2)_________________ $ ____
3)_________________ $ ____
4)_________________ $ ____
5)_________________ $ ____

+ **Total Income** $ ____________

− **Total Expenses** $ ____________

− **Total Donations** $ ____________

− **Total Investments** $ ____________

____

= **Remaining for Savings** $ ____________

Savings Goals

Savings Goal(s): ________

____

Previous Total $ ________
Added This Time $ ________
New Total: $ ________

Investments

Investment Goal(s): _____

____

Previous Total $ ________
Added This Time $ ________
New Total: $ ________

List three ways you can share your time and talents with others.

Financial Adventure Worksheet
Completed by:_______________
Date:___________________________

Income

1)__________________ $ ___
2)__________________ $ ___
3)__________________ $ ___
4)__________________ $ ___
5)__________________ $ ___

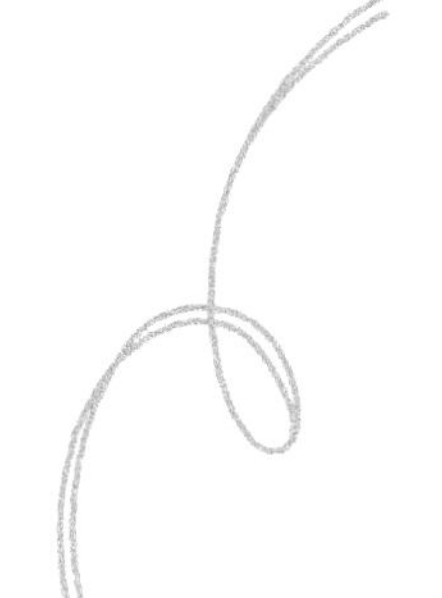

Expenses

1)__________________ $ ___
2)__________________ $ ___
3)__________________ $ ___
4)__________________ $ ___
5)__________________ $ ___

Donations

1)__________________ $ ___
2)__________________ $ ___
3)__________________ $ ___
4)__________________ $ ___
5)__________________ $ ___

Investments

1)__________________ $ ___
2)__________________ $ ___
3)__________________ $ ___
4)__________________ $ ___
5)__________________ $ ___

+ **Total Income** $ __________

– **Total Expenses** $ __________

– **Total Donations** $ __________

– **Total Investments** $ __________

____

= **Remaining for Savings** $ __________

Savings Goals

Savings Goal(s): ________

____

Previous Total $ ________
Added This Time $ ________
New Total: $ ________

Investments

Investment Goal(s): ____

____

Previous Total $ ________
Added This Time $ ________
New Total: $ ________

<u>Describe a place you'd love to explore in the future.</u>

Financial Adventure Worksheet

Completed by:_______________
Date:__________________________

Income

1)___________________ $ ___
2)___________________ $ ___
3)___________________ $ ___
4)___________________ $ ___
5)___________________ $ ___

Expenses

1)___________________ $ ___
2)___________________ $ ___
3)___________________ $ ___
4)___________________ $ ___
5)___________________ $ ___

Donations

1)___________________ $ ___
2)___________________ $ ___
3)___________________ $ ___
4)___________________ $ ___
5)___________________ $ ___

Investments

1)___________________ $ ___
2)___________________ $ ___
3)___________________ $ ___
4)___________________ $ ___
5)___________________ $ ___

+ **Total Income** $ _______________

– **Total Expenses** $ _______________

– **Total Donations** $ _______________

– **Total Investments** $ _______________

= **Remaining for Savings** $ _______________

<u>Savings Goals</u>

Savings Goal(s): _________

____

Previous Total $ _________
Added This Time $ _________
New Total: $ _________

<u>Investments</u>

Investment Goal(s): _____

____

Previous Total $ _________
Added This Time $ _________
New Total: $ _________

<u>Write about a new skill you'd like to learn.</u>

Financial Adventure Worksheet

Completed by:_______________

Date:____________________

Income

1)___________________ $ ___
2)___________________ $ ___
3)___________________ $ ___
4)___________________ $ ___
5)___________________ $ ___

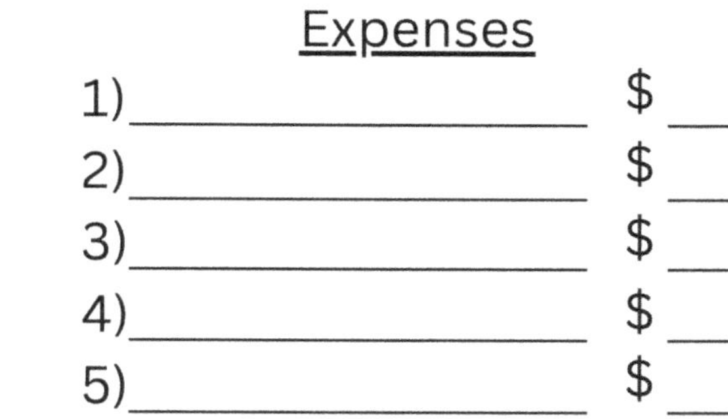

Expenses

1)___________________ $ ___
2)___________________ $ ___
3)___________________ $ ___
4)___________________ $ ___
5)___________________ $ ___

Donations

1)___________________ $ ___
2)___________________ $ ___
3)___________________ $ ___
4)___________________ $ ___
5)___________________ $ ___

Investments

1)___________________ $ ___
2)___________________ $ ___
3)___________________ $ ___
4)___________________ $ ___
5)___________________ $ ___

+ **Total Income** $ _____________

− **Total Expenses** $ _____________

− **Total Donations** $ _____________

− **Total Investments** $ _____________

____

= **Remaining for Savings** $ _____________

<u>Savings Goals</u>

Savings Goal(s): _________

____

Previous Total $ _________
Added This Time $ _________
New Total: $ _________

<u>Investments</u>

Investment Goal(s): _____

____

Previous Total $ _________
Added This Time $ _________
New Total: $ _________

<u>List three things that make you unique and special.</u>

Financial Adventure Worksheet
Completed by:_______________
Date:___________________________

Income

1)____________________ $ ___
2)____________________ $ ___
3)____________________ $ ___
4)____________________ $ ___
5)____________________ $ ___

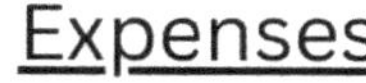

Expenses

1)____________________ $ ___
2)____________________ $ ___
3)____________________ $ ___
4)____________________ $ ___
5)____________________ $ ___

Donations

1)____________________ $ ___
2)____________________ $ ___
3)____________________ $ ___
4)____________________ $ ___
5)____________________ $ ___

Investments

1)____________________ $ ___
2)____________________ $ ___
3)____________________ $ ___
4)____________________ $ ___
5)____________________ $ ___

+ **Total Income** $ _______________

– **Total Expenses** $ _______________

– **Total Donations** $ _______________

– **Total Investments** $ _______________

—————————————————————

= **Remaining for Savings** $ _______________

<u>Savings Goals</u>

Savings Goal(s): _________

____

Previous Total $ _________
Added This Time $ _________
New Total: $ _________

<u>Investments</u>

Investment Goal(s): _____

____

Previous Total $ _________
Added This Time $ _________
New Total: $ _________

<u>Describe a time when you felt proud of something you achieved.</u>

Financial Adventure Worksheet
Completed by:_______________
Date:__________________________

<u>Income</u>

1)__________________ $ ___
2)__________________ $ ___
3)__________________ $ ___
4)__________________ $ ___
5)__________________ $ ___

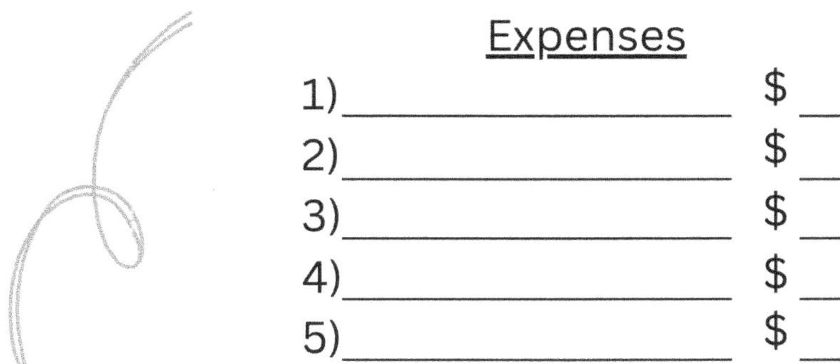

<u>Expenses</u>

1)__________________ $ ___
2)__________________ $ ___
3)__________________ $ ___
4)__________________ $ ___
5)__________________ $ ___

<u>Donations</u>

1)__________________ $ ___
2)__________________ $ ___
3)__________________ $ ___
4)__________________ $ ___
5)__________________ $ ___

<u>Investments</u>

1)__________________ $ ___
2)__________________ $ ___
3)__________________ $ ___
4)__________________ $ ___
5)__________________ $ ___

+ **Total Income** $ _______________

– **Total Expenses** $ _______________

– **Total Donations** $ _______________

– **Total Investments** $ _______________

____

= **Remaining for Savings** $ _______________

<u>Savings Goals</u>

Savings Goal(s): _________

____

Previous Total $ _________
Added This Time $ _________
New Total: $ _________

<u>Investments</u>

Investment Goal(s): _____

____

Previous Total $ _________
Added This Time $ _________
New Total: $ _________

<u>**Write about a goal you have for the next five years.**</u>

Financial Adventure Worksheet

Completed by:_______________
Date:_____________________

Income

1)______________________ $ ____
2)______________________ $ ____
3)______________________ $ ____
4)______________________ $ ____
5)______________________ $ ____

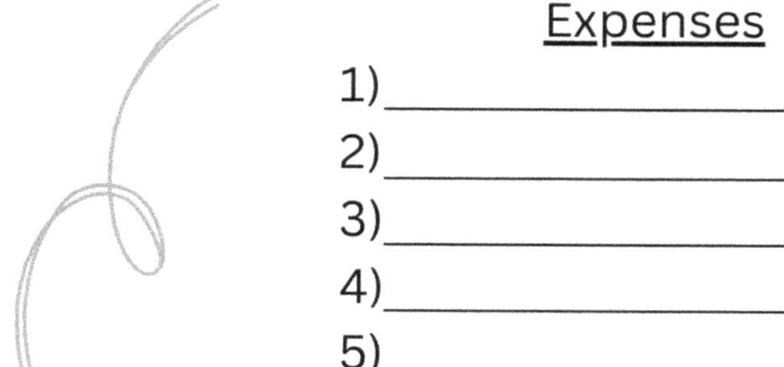

Expenses

1)______________________ $ ____
2)______________________ $ ____
3)______________________ $ ____
4)______________________ $ ____
5)______________________ $ ____

Donations

1)______________________ $ ____
2)______________________ $ ____
3)______________________ $ ____
4)______________________ $ ____
5)______________________ $ ____

Investments

1)______________________ $ ____
2)______________________ $ ____
3)______________________ $ ____
4)______________________ $ ____
5)______________________ $ ____

+ **Total Income** $ __________

– **Total Expenses** $ __________

– **Total Donations** $ __________

– **Total Investments** $ __________

____

= **Remaining for Savings** $ __________

Savings Goals

Savings Goal(s): __________

____

Previous Total $ __________
Added This Time $ __________
New Total: $ __________

Investments

Investment Goal(s): ______

____

Previous Total $ __________
Added This Time $ __________
New Total: $ __________

List three ways you can continue learning and growing.

If you don't have a piggy bank or place to store your money, you can cut out this cube and make your own!

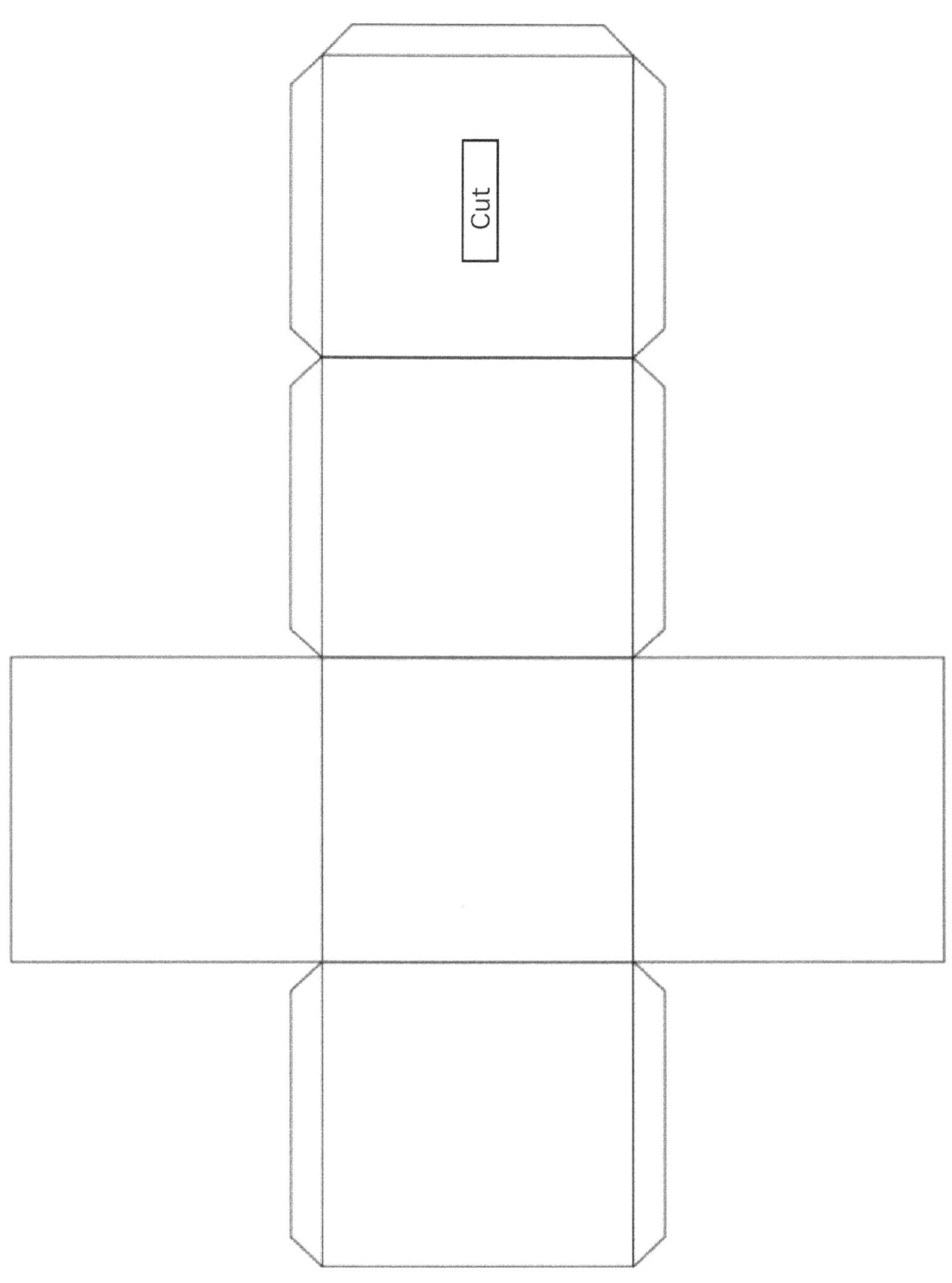

1. Color in the art on the back of this page!
2. Cut along the outside edge of the cube
3. Cut out the money slot at the top (labeled "cut")
4. Fold inward along the inside lines
5. Glue or tape the flaps to hold the cube!

SAVE

Cut

SAVE

www.ingramcontent.com/pod-product-compliance
Lightning Source LLC
Chambersburg PA
CBHW040857070726
47599CB00035B/2032